멸한 자리, 말짱다

詩밀레 1

멸한 자리, 말갛다

초판발행 | 2025년 6월 14일

지 은 이 | 허충순 외
편 집 인 | 배재경

편 낸 곳 | 도서출판 작가마을
등   록 | 제2002-000012호
주   소 | 부산시 중구 대청로141번길 3, 501호(중앙동, 다온빌딩)
           T. (051)248-4145, 2598 F. (051)248-0723
           E-mail : seepoet@hanmail.net

ISBN 979-11-5606-285-1   **정가** 10,000원

詩밀레 첫선을 보이며

'詩밀레'는 문학적 에꼴을 두고 만난 동인이 아니다. 부산에서 문학활동을 하면서 평소 유대를 가져온 사람들이 자주 모이다 보니 의미 있는 책이라도 한번 내자는 의견에서 첫 작품집을 내놓는다.

'詩밀레'의 구성은 꽃예술가이자 차인인 허충순 시인, 미학자이자 시인인 민병일 부경대 명예교수, (사)아름다운 사람들 이사장으로 봉사활동에 여념이 없는 원무현 시인, 늦깎이로 등단하여 한참 시 쓰는 재미에 빠져 있는 사이펀문학상 운영위원장인 배태건 시인, 얼마 전까지 부산시인협회 사무국장으로 동분서주 해온 김해경 시인, 《부산시인》 편집장을 맡고 있는 이현주 시인, 최근 10년 만에 3시집을 펴내 화제를 불러온 김곳 시인, 문학평론가로 등단했지만 최근엔 詩도 쓰는 정훈 시인, 계간 《사이펀》 발행인 배재경 시인 등이다.

詩밀레 구성원들은 나이를 떠나 詩라는 매개를 바탕으로 모인 순수 친목 모임이다. 물론 그 모임에서 사는 이야기, 문학 이야기가 빠질 수가 없다. 하지만 이번 책을 통해 동인지의 어떤 성격을 만들고자 하는 것은 아니다. 문학 이전에 사람이 우선이고 그 사람의 바탕 안에서 詩밀레가 있고 각자의 문학이 존재하기 때문이다.

모쪼록 詩밀레의 첫 모습을 즐겁게 봐 주시기를 독자들에게 주문하는 바다.

2025. 6.

詩밀레 1

멀한 자리, 말짙다

목차

발간사

詩밀레 첫선을 보이며	03

허충순

실루엣	12
언젠가	13
그 이름	14
오륙도가 보이는 창	15
내 친구	16

배태건

솔개의 꿈	18
쪽, 한 사발	20
지호 할매	22
소망을 삶다	24
어머니의 시간	26

詩밀레 1 / 멀한 자리, 말갛다

원무현	
사소한, 아주 사소한 발견	28
나는 나팔꽃이 아니다	29
의자를 먹다	30
일용할 양식	31
홍어 좆	32

김해경	
지나간다	36
지니야, 땡큐	38
봄의 세계	40
콘트라베이스	42
친척	44

목차

이현주

이팝나무 가로수	46
Vol. 봄	48
물고기 키우기	50
똥 꿈	52
내일 아침	54

김곳

수풀떠들썩팔랑나비	56
플라스틱 감정	57
다이어트, 아니면 다이너마이트	58
공손한 착지법	60
이별이라는 별까지	61

詩밀레 1 / 멸한 자리, 말갛다

배재경		
	경배합니다	64
	백일홍 편지	66
	신 보안사령관	68
	달맞이 레지스탕스	70
	광장	72

정훈		
	집-고현철 교수	74
	그 너머로 넘어가는 것	75
	前景, 오후 5시 45분의 어스름	76
	비와 빗물, 습작을 위한 아포칼립스	77
	흔들리는 자모字母들의 빈 방	78

민병일		
	시론 김동명 시의 시대적 명징성에 대한 엔솔로지	80

詩밀레 1 / 멸한 자리, 말갛다

실루엣 외 4편

허충순

허충순 시인은 1945년 부산출생으로 2005년 《문학예술》로 등단했다. 청향회 회장으로 있으며 발견문학상, 해운대문학상, 부산예술대상, 한국꽃예술상, 부산꽃예술상, 자랑스런 한국인 대상 등을 수상했다. 시집으로 「꽃 그림자 찻잔에 담아」, 「화문」, 「꽃 화엄」, 「시와 찻자리 꽃을 찾아서」가 있으며 사이펀문학상 운영위원이다.

실루엣

내 무거운 음악
멸滅에 가려네

낮밤이 없이
반음씩 내려가면

정적만이 남을 텐데
그게 바로
맑은 먼지

화엄도 도솔도 없는
어머니의 먼 실루엣

말갛다
멸滅한 자리

언젠가

접시처럼 구름이 깨어진다

삽시간이다 마음이 깨질 땐 소리도 나지 않는다

대빗자루를 타고 날던 꿈도 조각이 난 적 있다

너를 보던 창도 부서져 내린 일이 있다

마음이 무량한 것이라 해도 용서마저 끝없을 수는 없다

어느 날은 부산역까지 혼자 걸으며 혼자 걸으며 울었다

근원을 산 너머에 둔 것들은 언젠가 깨어진다

무릎의 둥근 각으로 아프도록 넘어가고 또 넘어갈 뿐

그 이름

이름은 있는데
부르지 못하는 이름
부르는 이름으로는 쓸 수 없는 이름

이름은 있지만
밝힐 수 없는 이름
밝히면 촛불로는 켤 수 없는 이름

살면서 줄가지처럼 느슨한 이름이자
가장 탄탄한 이름

목 놓아 부르고 싶은 그 이름

오륙도가 보이는 창

아침 햇살이 창을 뚫었다
눈부신 바닷물결은 오는 것처럼 다시 밀려가고
가는 것처럼 다시 밀려간다

언제였던가
그 겨울 바닷길 수평선에 못다 한 꿈 걸리고
모 없이 둥근 유리 껍질 같은
창백한 조개 줍던
아련한 추억 가뭇없다

하나를 지워도 오륙도
하나를 더해도 오륙도
저 창밖에
푸른 햇살이 뒹군다

내 친구

한평생 가까이 오는
오래오래 아는 사람이 보고 싶어
지구본을 돌린다

큰 인물에 신세 지듯
인간의 근본 아름다운 길 찾는 사람

한세상 가장 가치 있는
진실이라는 내 친구 보고 싶어
지구본을 본다

인생은
사랑이라는
내 사람 사는 지구

솔개의 꿈 외 4편

/ 배태건

배태건 시인은 1960년 경남 고성 출생으로 비케이엔지니어링 대표로 있다. 2024년 《사이펀》 '시인을 찾아서'로 작품활동을 시작하였으며 시집으로 『내 가난한 문장은 자주 길을 잃는다』가 있다. 현재 사이펀문학상 운영위원장, 사이펀의 시인들 회원으로 활동하고 있다.

솔개의 꿈

엄마의 품을 벗어나
처음으로 인간 세상을
내다보았지

그러던 어느 날
허공을 날다가
투명한 하늘을 들이받았어

목덜미가 꺾이고
날개깃마저 갈기갈기 찢기며
눈앞이 번쩍하고
아찔하게 굴러떨어진 충격

훤한 대낮, 별들이 쏟아지고
날개조차 펴지 못한 채 떨어질 순 없어
뜨거운 눈물을 몇 번이나 삼켰지

지금 인간의 문명은
커튼월 유리 건축물을 쌓아 올려
우리가 살아야 할 바람길을 막고 있어

나는 말이야
깃털을 곤두세우며
자연을 벗 삼아
창공을 누비는 게
진짜 나의 꿈이었거든

이제야 알았어-
눈물이 별이 된다는 걸
그들이 세운 벽 너머엔
숨 쉬는 하늘이
아직도 펼쳐져 있다는 걸

쪽, 한 사발

복날, 서울 종로 한복판 삼계탕집에는
땀과 김
웅성거림이 뒤섞여 끓어오른다

보글보글 끓는 삼계탕을 보며
불쑥 내뱉는 말
아지매 쪽!

갑자기 수저가 멈춰지고
갸웃거리는 눈빛이 오가며
주방 아주머니의 붉어진 얼굴에
이번엔 더 크게
여개 쪽!

소란스런 틈새로 누군가 소리친다
저기, 국자 달라네!
한마디에 식당 안은 폭소가 더위를 삼키며
웃음 한 사발이 식탁마다 넘쳐흐른다

삼계탕 한 그릇 묵을라 카다가
쪽팔려 죽는 줄 알았네 예!

웃음소리는 그를 따라 문밖을 나가고
태양은 삼복더위를 휘감으며
지친 하루도 다시 끓어 오른다

지호 할매

서울의 봄빛 아래
세 살배기 먹보 녀석
말풍선을 터뜨린다

노랑은 병아리색
파랑은 하늘색
빨간 STOP 간판을 보면
"주차장!" 이라 외치며
제 세상을 물들인다

그 모습이 아련하여
하루 저물녘
진동벨처럼 울리는 그리움 따라
부산에서 서울로

할매의 품에 안겨
"함니, 수서역 SRT!"
봄을 깨우는 한 마디에
귀 끝에 걸린 웃음이
내려올 줄 모른다

아장아장 걷다 넘어질까
발걸음보다 먼저
마음이 앞서가고

체리빛 도톰한 입술
아작 와그작 꼬깔콘 부스러기
목이라도 멜까봐
입안에 먼저 넣어 씹어보는
육십 평생, 처음 맛보는 설렘

멀리 있어도
품에 안겨있는 지호는
할매의 가슴속에 피어나는
한 송이 봄이다

소망을 삶다

끓는 물 속
실타래처럼 풀리는 국수 한 단

젓가락을 베틀 삼아
걷어 올린 면발은 씨줄
은빛 육수는 날줄이 되어
부드럽게 직조된다

고명 없은 멸치국수
바다 내음 머문 혀끝에서
한 올 한 올 엮으며
하루를 짜 넣은 문장

양푼 속 국수 한 묶음
살며시 돌돌 말아
한입 가득 머금으면
허기마저 다정해져
따스함이 배어든다

벚꽃이 흩날리는 봄밤
국숫집 창가에 앉아

소망 한가득 풀어내며
오늘을 삶아낸다

어머니의 시간

가마솥 무청 한 움큼
뭉근히 우려낸 시래기 된장국

맨 처음 돋아 낡아간 것

찬바람에 마른 잎맥
서리 맞고 눈 맞으며
햇볕에 매달려 밤마다 떠먹은 달빛 한사발

견뎌야 했던 시절
마를수록 단단해진 줄기는 흙냄새를 안았고
끈기는 얼음꽃으로 피어난다

뚝배기 한 그릇에 담긴 온기
입안 가득 녹아있는 햇살
당신의 주름마다 숨은 겨울들

아랫목에 식지 않던 그 손길
지금은 어디로 흩어졌을까

사소한, 아주 사소한 발견 외 4편

/ 원무현

원무현 시인은 1963년 경북 성주 출생으로 2003년 격월간 《시사사》로 등단했다. 요산문학관 사무국장, 《주변인과 문학》 편집주간을 역임했으며 '시울림' 회원으로 활동하고 있다. 시집으로 『홍어』, 『사소한 아주 사소한』, 『강철나비』가 있다. 현재 (사)아름다운 사람들 이사장이다.

사소한, 아주 사소한 발견

암컷이 체력을 비축하고 있다
새끼를 낳기 위해, 수컷을 잡아먹고 있다
아직 볼 것이 남은 눈알을 먹고
아직 갈 곳이 남은 날개를 먹고
아직도 꿈과 이상이 펌프질하는 심장을 먹어치운다

(뭐 그다지 놀랄 일 아닌 부류는 곤충학자뿐만 아니다)

순산한 암컷,
지아비는 안중에 없고
새끼가 있는 새로운 가정 위에
더듬이를 내려놓고 엎드린다
등을 덮고 있는 긴 날개가 미사보처럼 반짝인다
고요와 평화가 깔리는 풀밭
밀려오는 하오의 나른함

이건 틀림없이 사마귀의 세계다

나는 나팔꽃이 아니다

나팔을 몸에 달고 있지만
소리가 나지 않는 꽃
나는 뱀 대가리 꼿꼿이 쳐들고 동녘을 노리는 이무기다
물결 일렁이는 풀숲에서
천 개의 푸른 접시를 들고
탱자나무 가시계단을 곡예사처럼 오르는 나는
한 마리 천년 묵은 전설이다
신분 상승을 꿈꾸는 자에게 하오의 해는 너무 초라하다
지금 막 양수를 뚝뚝 떨어뜨리며 아침 태양이 뜨고 있다
오오 꿈에서나 물고 있던 여의주가 눈부시다
입을 다물고 있던 내 안의 나팔이 열린다
터진다 보랏빛 환호성

나는 오늘도 한 편의 무성영화로 아침을 연다

의자를 먹다

방금 퍼 담은 밥에 파리가 앉았다
쫓고 또 쫓지만 한사코 올라앉는 이놈은
살얼음 낀 똥 막대기에 붙어있던 녀석이다
내가 먹을 밥이 미끄러질 염려 없는 의자란 말이지?
지친 몸이 걸터앉을 수 있으면 뭐든 의자가 되는 걸까
잠시 의자에 앉혀있는 의자의 구조와 기능을 일으키는 사이
놈은 다른 녀석들까지 데려와서 눌러앉을 기세다
나는 밥 뜨는 속도를 빠르게 한다
내 밥을 남이 손대는 것을 용납할 수 없는 때문이기도 하지만
늦기 전에 얼른 먹고 일터로 가야한다
좀 더 나은 내일을 구하기 위해 혹사 시켜야할 몸이 믿을 것은
이 한 그릇의 고봉밥
목숨을 걸고서라도 앉으려 하는 파리들의 의자가 따끈하다

일용할 양식

하반신이 잘려나가고 없는데도 살아 움직이는 개미를 본다
간혹 빵 부스러기를 나르다 말고 멈칫거린다
풀밭에 묻힌 하반신이 기억나는 것일까
상반신뿐인 자신을 깨닫고 고통에 휩싸이는 것도 잠시
이내 노동에 몰입!
얼마나 약효 뛰어난 진통젠가
일용할 양식이란.

경리담당으로서는 치명적 결함인
역행성건망증에 시달리는 사내가
대차대조표에 박은 코를 빼고 창가를 서성인다
어쩌다 삼십 년 건너편에 묻힌 이십 대
그 싱싱한 시절이 생각났던 것일까
젊은 클라이머처럼 빌딩 벽을 기어오르는
담쟁이덩굴을 넋 놓고 바라보다 문득
소변보고는 몇 시간째 올리지 않은 지퍼를 발견하곤
아래로 뛰어내리고 싶은 충동에 휩싸인다
하지만 그도 순간일 뿐
이내 노동에 몰입!
얼마나 약효 뛰어난 각성젠가
일용할 양식이란.

홍어 좆

아시다시피 원무현 씨는 남성이다
남성이면서 사내답지 못해 당하는 왕따 신세를 벗어나
심복들 줄줄이 거느리고 세상을 호령하는
진짜 사나이로 진화 중인 인간이다
더딘 진화에 채찍을 가하기 위해
원무현 씨 흑산도에서 바다의 기를 들이키는데
어선에 실려 온 홍어들이
거친 파도를 제압하던 바다 사나이들의 손을 빌려
그것을 떼어내고 있다
대접 못 받는 놈 대접 좀 받으려고
썩는 냄새 풀풀 풍기는 몸이지만
그 몸에 너도나도 코를 박고 냄새를 음미케 하는
아흐 코끝을 찡하게 하는 카리스마,
그거 한번 누려보려고
까짓 좆쯤이야! 마구마구 떼어내고 있다
저 겁나게 독한 결심,
온몸을 전율케 하는 아이러니,
눈물이 핑 도는 원무현 씨
느닷없이 화장실로 달려가 그것을 꺼내놓고는
사나이 진정한 상징은 무엇이냐
대낮부터 잠에 **빠진** 녀석을 마구 흔들어 깨우는데

화들짝 놀란 그것, 벌겋게 달아올라
어이, 홍어 좆이 그리 만만한 줄 아나!

詩밀레 1 / 멀한 자리, 말갛다

지나간다 외 4편

김해경

김해경 시인은 부산출생으로 2004년 《시의 나라》로 등단했으며 부산시인협회 사무국장을 역임했다. 시집으로 『아버지의 호두』, 『매리네 연탄가게』, 『먼 나무가 있는 곡각지 정류장』, 『내가 살아온 안녕들』이 있다.

지나간다

한낮에 버스를 기다리다 개미를 보았다
하나의 사체를 둘러업고
수십 마리의 개미가 여름을 건너고 있다
말라빠진 사체의 정체는 손톱만 한 바퀴벌레
저것으로 겨울을 날 것인가 의문을 가지다가
버스를 놓쳤다
망연한 내 앞으로
허리가 기역자로 굽은 할머니가
폐지 리어카를 끌고 지나간다
붉은 조끼를 입은 탓에
한여름의 더위는 더욱 불타오르는데
두꺼운 겨울 양말 속으로 밀어 넣은
바짓가랑이는 락스 물이 튀어 형이상학적이다
박스 몇 개가 전부인 리어카가 가벼워 보여
내 맘이 가볍다
버스는 오지 않고
여장 남자가 자전거를 밀고 지나간다
흰레이스 치마에 검은 블라우스
복고풍 핸드백에 덜렁거리는 귀걸이
손가락엔 담배가 꽂혀있고
뭐, 형식이 중요한가

그래도 살아있다는 것이 중요한 거지
흰 지팡이를 짚고 맹인이 지나간다
버스 정류장을 지나쳐 고개를 오르고 있다
불볕더위 속에서도 살아내는 방법을 찾아
길을 가는 사람들
이팝나무 가로수 아래 심겨진 홍가시나무
새잎이 더욱 붉게 반짝인다

지니야, 땡큐

이른 아침은 언제나 슬퍼
밤새 잠들지 못한 우연도 슬픈거지
침실을 벗어나지 못한 공기는
하루의 우울을 점치고
TV리모컨을 찾는데 리모컨이 없다
갈수록 막막해지는 뇌를 깨우려면
TV를 봐야 하는데,
하루의 시작은 경쾌한 뉴스
만병의 근원은 소문
이 소문의 근원지를 잘 찾아
주저앉혀놓아야 하루가 편안할 텐데
리모컨의 행방이 묘연하다
불안과 초조가 1초 간격으로 심장을 두들긴다
어젯밤 뉴스에 이스라엘이 레바논에서
탱크로 유엔군 정문을 부수고 강제 진입했다고 했는데
북한 완전사격 준비태세---라 했는데
"라인 안돼" "비선없다"
등등 일상을 일그러뜨리고 일상을 일깨우는
지옥의 촉들이 TV속에 다 있는데---
앗, 지니에게 물어봐야겠다
"지니야, TV리모컨 좀 찾아줘"

"네, 멜로디로 찾겠습니다"
띠로리로리~띠로리로리
어딘가에서 울리는 멜로디
오늘은 요양원 치매 봉사 가는 날
지니를 데리고 멜로디를 찾아야겠다
지니야, 지니야

봄의 세계

비스듬히 걷는 남자가
겨우내 오르내리던 골목이
아직도 비스듬하게 그를 기다리고
동현중학교 높은 담벼락 위
목련나무 꽃 몽우리가 팡, 팡 터질 때
봄 땜하러 들린 그냥미용실에서,
얼마 전부터 보이지 않던
도배 집 달순 엄마가
남편도 없이, 어린 딸 하나를 두고
세상을 버렸는데
집을 정리하러 온 인부들이 장판을 들치니
오만원짜리 지폐가 쫙 깔렸더라나
사계절 내내 풀물 묻은 청바지에 남방만 입고
도배지 메고 다니던 억척 엄마가
그 어린 딸을 두고 어찌 갔을까
독한 파마약 때문인지 눈물이 찔끔 났다

비가 오지 않아 마른 봄은
온 산하를 불구덩이로 만든 채
사람의 목숨줄을 쥐락펴락하는데
온천천 벚나무는 오늘 터질까 내일 터질까

나무 아래 좌판 벌인 할매들의 푸성귀에 귀를 기울인다
전봇대에 붙은
전세방잇씀, 500 - 25
즉시입주가능 (1층이지만 햇살 조음)
햇살 조음이라는
글씨에 한참 동안 눈길이 갔다
그럴 리가, 우리 동네 1층은 내가 다 아는데
어쩌자고 햇살이 나 몰래 일을 벌인걸까
앞에 가는 여자가 뒤를 돌아본다
꽃무늬 양산에 썬글라스를 꼈다
모르는 여자다
난 천연덕스럽게 하늘을 올려다 봤다
나만 아는 무지개가 떠 있다
그래도 봄이다

콘트라베이스

덩치는 커다랗고 울보인 사람
깊고 깊은 숨소리
나락으로 떨어지는 음역대가
다리 사이에서 웅웅거려요
무거운 음만으로는 살 수 없어요
가끔은 깃털처럼 가볍고 명랑한
연주를 해주면 안되나요
커텐 안에서 당신을 바라보는 지금
너무 무서워요
당신 안에 숨겨놓은 희망을 끄집어내어
싱그러운 샐러드를 먹듯
입 안에 넣고 오래오래 음미하는 날이 올까요
삶이 때로는 생동감도 있어야 하는데
가슴을 후벼 파는 공명만이 가득해요
귀를 기울여 봐요
비극에 함몰된
거대한 은유가 당신을 감싸고 있어요
수면 아래에서 수면 위로 솟아오르는 기분은 어떤 걸까요
오늘은 패닉이 초를 다투어 다가옵니다
있는 힘을 다해 팔다리를 흐느적거리고 있습니다

그는 지금 가장 무거운 시간을 헤엄치고 있는 중입니다

친척

비단채 아파트 703호에 그가 살았다고 한다

한 계절을 보내는 사이 어디선가 말린 강아지풀 냄새가 난다 코끝이 가렵다 책갈피에 끼워 놓은 슬픔들이 떨어져 나왔다 슬픔은 정제되지 않은 나프탈렌 향처럼 불안하다 고속도로 방음벽을 기어오르던 담쟁이는 야위어 가고 내가 또 한겹의 옷을 입는 사이 그가 사라졌다

703호 베란다 불빛이 언제부터 꺼져 있었는지 알 길이 없다 그의 주검은 702호와 지독한 악취가 찾아냈으니까 살아생전 다투기만 했던 아내를 먼저 보내고 그 어떤 것에도 위로받지 못했던 사람 짓물러 터진 은행알들이 도로를 점령하고 있는 동안 고독에 절여져 울지도 못하고 숨을 놓았나보다. 물기 하나 없이 발견된 주검 위로 무성한 이야기가 오랫동안 떠돌아다녔다. 그의 생전에 부딪혔던 작은 인연, 안부 한번 물어볼 틈 없이 부재해 버린, 그의 생이 못내 안타까운 계절이다

이팝나무 가로수 외 4편 / 이현주

이현주 시인은 2005년 등단하였으며 《부산시인》 편집장, 시울림 회원으로 활동하고 있다.

이팝나무 가로수

사월 초파일,
마을 사람 줄지어 공들이러 가던 길에
이팝나무 가로수 들어섰다

쌀 두어 되 머리에 이고
외할머니 덕암사 가던 그 길에
이팝나무 가로수 들어섰다

난리통,
폭탄 파편에 눈먼 외할머니,
윤달에 세 절 밟는다고
공양미 이고
큰절만 골라골라
불국사, 해인사 거쳐 통도사 밟던 그날의 소원은
"오늘 같은 날, 한 시간만 눈 뜨게 해 주소."

나는 안다 고봉밥 맛을.
군식구로 늘상 수제비만 먹다가
생일날 아버지 밥그릇보다 더 큰 고봉밥을 들이밀던 엄마는
"이 밥 다 묵어야 부모 공 아는 기다."

〉
햇볕 찬란한 사월
부처님 오신다는 그 길에
이팝나무 줄지어 간다
외할머니가 걷고
엄마가 걷던 길
이팝꽃 머리에 이고
나도 덕암사 간다

Vol. 봄

간지러운 3월이다
겨울은 길었고
소리 없이 커져 가던 붉은 발진이
느닷없이 톡

사랑해

뜬금없는 말이 거짓말처럼 터져버린
당황스러운 날이었다

그때뿐이었다면 좋았을 텐데,
한 번 뱉은 말은 배알도 없이 마구 쏟아져 나왔다

해사랑사해랑사랑랑해사랑사해사랑사랑사랑해

말들은 방향을 잃고 공중에서 뒤엉켰고
에라 모르겠다
오늘은 저 천 개의 태양과 눈맞을 것이니
칼날 같은 햇살 앞에서도
포복하라, 돌진하라
고지를 점령하라!

〉
파르티잔!
골짝으로 벼랑으로 핏빛 발자국이 깊다
더 이상 뒤돌아보지 않으리니
기어이 고지에 깃발을 꽂을 것이다

물고기 키우기

물고기 알을 화분에 심었지요, 허풍이 아니예요

아침마다 바다로 나가 물을 길어 나르고
소라껍질을 가져와 바다의 소리도 들려주었지요
가끔씩은 화분을 통째로 들고 바다로 나가기도 했지요

어느 날 부화를 하는데 꼬리부터 나오는 거예요
엄마도 내가 발가락부터 나왔다고 했지요

그래서일까요?
나는 언제부턴가 뒤집힌 세상을
보고 있었던 것 같아요
거꾸로 선 나무들,
머리 꼭대기로 흐르는 바닷물을 보면서
하늘을 나는 물고기를 따라가고 있었어요

물고기는 꼬리로 길을 찾으며
화분 속을 맴돌다가
마침내 흙을 뚫고 나왔어요

아가미로 바람을 마시고

지느러미로 햇빛을 헤집었어요

물고기는
하늘과 바다의 경계를 지우며
사라졌어요

에드워드* 씨,
허풍이 아니에요

* 에드워드 : 영화 「빅피쉬」의 주인공

똥 꿈

평생 집 한 채 갖지 못한 그가
마지막 가는 길에 남긴 것은
횟수에 맞춰 노란 고무줄로 묶은
주택복권 뭉치였다

순서대로 갖고 있으면 선물 준다더라
빠진 번호 없으니 잘 챙기거라
나중에 은행 가 보면
하이타이라도 줄 것이야

정화조 청소 용역업체에 다니던 그는
날마다 배고픈 창자 같은
호스를 똥통에 밀어 넣었다

푸쉬푸쉬,
밑구녕까지 훑다 보면
바닥에도 빛이 든다고
간밤에
똥구덩이에 우당탕 빠지는 꿈을 꿨으니
오늘은 횡재수가 붙었거라며

그랬지,
그렇게 그날도 복권을 샀지

내일 아침

 아주 어렸을 적에, 열 살 남짓했나 잠자리에 들면 천정 가득 떼거지로 몰려 있는 구름떼가 온몸을 짓누르곤 했다 아버진 헛것일 뿐이라며 어서 잠들라고 자꾸만 눈꺼풀을 쓸어내렸지만 눈두덩을 가린 손등조차도 유리창보다 더 투명해 구름 떼는 날실 올실을 뿜어 내 몸통을 칭칭 감아 번데기처럼 만들어 놓곤 했다

 아버지, 검은 구름이 자꾸만 실을 뿜고 있어요 내가 한눈이라도 팔면 내 뼛속에서조차 올을 뽑아 나를 더 옥죄어 가둬버릴지 모릅니다

 그해, 이대로 잠이 들면 내일이 오지 않을 것만 같아서 내가 사라진 아침 밥상, 봉선화 핀 뜰, 햇살 드는 다락방, 내가 사라진 골목길의 숨바꼭질, 줄넘기, 살구받기, 내가 사라진 뒷산 공터, 바닷가, 동물원, 기찻길, 외할머니 치마폭, 그러다 찰나에 잠이 들었던 모양인데 지척을 흔드는 무게로 나를 깨우던 엄마 목소리

 일어나라, 밥 먹자

 그런 아침마다 눈물이, 왈칵

수풀떠들썩팔랑나비 외 4편 / 김곳

김곳 시인은 부산에서 문단 활동을 해오다 2012년 시집 『숲으로 가는 길』로 본격적인 작품활동을 시작했다. 국제신문에 '시와 그 곳'을 연재해왔으며 계간 《부산시인》 편집장을 역임했다. '사이편의 시인들', '나비시회' 회원으로 활동 중이며 시집으로 『숲으로 가는 길』, 『고래가 사는 집』, 『수풀떠들썩팔랑나비』가 있다.

수풀떠들썩팔랑나비

병든 닭처럼
눈꺼풀이 내려앉는 한낮
금가루 뿌린 바다의 수면이
지하철 유리창에 일렁인다
도심을 질주하는 내내
귓가에 맴도는 수상한 주파수
청각장애인 둘이 마주 앉아
팔랑춤을 춘다
소리가 없는 그들은
손가락이 입술이고 글자다
손가락이 목소리고 노래다
천수 날개 돋는 나비였다가 벌새였다가
현란한 저 손놀림
개망초로 엉겅퀴로 쉴 새 없이 분주한
손가락 춤사위
나비들 짝춤에 신나서 달리는 지하철 안 소리들이
날개를 파닥이며 날아다닌다
수풀 떠들썩한 궁금증이 풀렸다고
허공의 손잡이들 흔들흔들 흔들흔들
수풀떠들썩팔랑나비
수풀떠들썩팔랑손나비

플라스틱 감정

너의 '보고 싶다'가 혀끝에서 맨드라미꽃으로 피고 있다
너는 그것을 화병에 꽂아두기도 할 것이다
검은 모래로 쏟아질 '대량 씨앗'이라 말하면 너는
전화기 너머에서 붉으락푸르락 시들어 버릴지
충만함을 남용하니까 쉽게 삼키고 쉽게 뱉는 거야
넌 향기가 없는 게 매력인 것 같다
그냥 버려도 미련이 없으니까
세상 모든 것들이 다 가볍게 중심을 잃고
진짜 맞어? 뽑아도 또 있고 버려도 또 있고
거기도 있고 저기도 있고 모래에도 싹이 트겠다
너의 오늘이 간편한 일회용이 아니길
'기대하셔도 좋습니다'는 번번이 산화된다
넘치기 위해 솟구치는 탄산음료처럼
기대보다는 대비를 해야 할 것 같다
어제 하던 일은 끝냈을까 궁금하지만
오늘 일을 마무리하기 전 내일마저 부푸는 너에게
내가 해줄 수 있는 게 너무 많다 기대는 하지마

어떤 모습으로든 성형 가능한 기분이
우리를 허무하게 할테니까

다이어트, 아니면 다이너마이트

풍요라는 말은 지구의 고통을 외면하는 말
이제 절제라는 브레이크를 밟아야 해
모든 것의 과잉 유입은 결국 자멸하거든

허기진 마음은 욕망으로 채울 수 없는 블랙홀
우리집 쓰레기통은 통제 불능상태야
초를 다투며 쏟아지는 특가에
쉴 새 없이 클릭하는 너와 나는 쇼핑중독자
눈만 뜨면 먹고 마시느라 지구도, 나도
배가 터질 지경이야

중독환자에게는 특단의 조치가 필요해
빵빵한 풍선에 날 세운 칼이라도 겨눠봐
나를 좀 위협해 봐

현관 앞은 물류창고로 용도변경이
필요할지도 몰라
아파트 재활용장에 장벽처럼 쌓이는 오물박스는
2열 종대로 길어지는 지원부대가 필요해
한번 쓰고 미련 없이 버리는 풍족한 습관이
숨 못 쉬는 지구를 열받게 하지

〉
열이 오른 지구에
빙하는 녹아내리고
산은 불타서 사라져가

절제는 고통과 한 몸이 되어야
아름다운 과거를 만날 수 있지
죄의식 없이 우리가 어질러놓은 지구

우리가 배출한 탄소를
산소처럼 마시는 자연을
모른 척 보고 있겠다는 건 아니겠지

아직 늦지 않았어

째깍째깍, 초를 다투며 터질 듯 커지는
공포의 지구 폭발물 쓰. 레. 기.

공손한 착지법

훅 내뱉는 바람을 타고
바스락거리며 땅에 닿는 소리들
느티나무가 뱉어내는
저 홀가분한 낙하
제 몸 키우는 동안 지친 마음
잠시 내려앉아 쉬어간 자리에
잘 말린 옷을 벗어 놓는다

온몸으로 주저앉지 못하고
공중에서 익힌 날갯짓으로
땅에 대해 공손한 깃털 착지법이다
제 발등을 덮고
제 그림자를 덮고
자꾸 들썩이며 부산해지는 스스로를
지그시 눌러 보기도 하는 손

이별이라는 별까지

그는 서쪽으로 떠났다
고흐처럼 녹슨 권총을 품고 떠났다
탐스럽고 노란 태양을 꽃병에 꽂아두고

starey starey night

동행할 수 없는 사랑도 함께 시드는 동안
총알이 뚫고 간 마음의 구멍마다 별이 태어났다

어둠이 깊어지면 반짝이는 눈동자들
회오리를 그리며 어둠을 파고드는 우리의 별들
고흐의 별밤처럼 푸른 하늘에 별이 되어 뜨겠지

다시 해바라기가 피는 저곳까지 얼마나 걸릴까

詩밀레 1 / 멀한 자리, 말갛다

경배합니다 외 4편

/ 배재경

배재경 시인은 경북 경주 출생으로 1994년 《문학지평》과 2003년 《시인》지로 작품활동을 시작했다. 「가마문학」, 「문학지평」, 「작가사회」, 「문학풍류」 편집위원을 역임했으며 '나비시회' 회원 및 계간 《사이펀》 발행인 겸 편집주간이다. 시집으로는 『절망은 빵처럼 부풀고』, 『그는 그 방에서 천년을 살았다』, 『하늘에서 울다』가 있다.

경배합니다

기역자로 하루를 사는 노파

집 밖 동리 마실 나간다
지팡이 쥔 손이
상수리껍질처럼 울울허다

저물고 저물어야 가질 수 있는 기역자
젊은이들에게는 바늘귀의 틈도 주지 않는 기역자
그렇게 값비싼,
아무나 가질 수 없는 기역자를 싸들고
마실 나간다
노파의 등판 위로 아로새겨진 무수한 샛길들이
어서 자신의 길로 오라고 아우성이다
채마밭길의 푸르름들이며
눈보라의 차디찬 들판에 늘브러진 늑대들이며
메마르고 갈라진 논두렁길도 보인다
저만치 아이들이 재잘거리는
밥 짓는 모락모락 연기 피어나는 집으로 가는 길이며
지아비를 떠나보낸 전쟁터의 피란 길도 아슴아슴하다
이 마실 길을 얼마나 더 걸어갈지
기역자 가득 햇살들이 열심히 부채질인데,

〉
나는 우두커니 차를 세우고
기역자 사라진 그 밭길에
기역자 흉내를 내어 보는데,

백일홍 편지

 어머니는 분분한 사월 85년의 무거운 짐을 내려놓았다 환갑을 넘긴 외사촌 형은 고모! 고모!를 부르며 꺼이꺼이 슬프게 운다 아들인 나보다 더 섧게 울어 내가 무안할 정도다 삼일장 봉분을 쌓고자 연분홍 벚꽃 잎이 우수수 날리는 도로를 달려 고향 뒷산, 아부지 옆으로 모셔졌고, 외사촌 형은 어느 사이 준비했는지 백일홍 두 그루를 봉분 앞 좌우에 심었다. 우리~고모~ 좋아~하는~ 꽃~인데, 엉엉! 곡을 하며 백일홍을 심는다 우리 가족사를 모르는 분들이라면 외사촌 형이 부모상을 당한 자식 같다 나는 왜 눈물이 안 나는 것일까. 사촌 형의 곡소리가 높으면 높을수록 나는 형의 등을 토닥이며 달래기 바빴다 상주가 뒤바뀐 듯 하다 그런 사촌 형은 이태 뒤 홀연히 어머니를 보러 떠났다. 형이 음주를 한 건지는 알지 못했고 10여 년 한 몸으로 살아온 1톤 트럭은 부서진 몸 안에 형을 가두고 놓아주지 않았다 자신을 망가뜨린 주인을 용서할 수 없다는 듯 앙다문 포터의 문짝을 떼어내느라 긴급출동요원들이 애를 먹었다 그런데 그때부터 어머니 묘의 왼편 백일홍이 서서히 말라가더니 1년 만에 형을 따라갔다 나는 쓸모없어진 그 백일홍 뼈대를 낫으로 쳐내며 못된 놈이라 뱉어주었고 오른쪽 백일홍은 무성히 가지를 펴고 뜨건 햇살에 가슴 활짝 열고는 복슬복슬 꽃을 화려하게 피워댔다. 땀을 비질비질 쏟아내며 이른 벌초를 하다 보면

붉은 백일홍이 자꾸 엄마 웃음처럼 번져나는데, 아 이거 환장 하겠네. 마치 엄마가 화사히 한복을 입고 마실 나가는 듯 서서 나를 보는 듯 하다. 사촌 형이 자기 고모를 위해 심은 건지, 나를 위해 심은 건지는 아직도 오리무중이지만,

신 보안사령관

당신의 집은 어디입니까?

둔기를 맞은 듯
띵! 하는데, 문은 굳게 닫혀 있고
분명 우리 집인데 놈은 묵묵히 삐!삐!삐! 부적격자임을 알린다
오리무중 비번들은 혼음에 젖은 듯
갑자기 우주로 유영 중이다
이게 대체 뭐야
내 집의 철문에서 갑자기 육중한 남산 지하실의 차가운 비명들이 날아든다
다시 이 땅의 보안을 추슬러야겠다
도무지 생각이 안 난다 도둑맞은 건가?
차근차근 국민 하나 우리... 통장비번들을 소환하는데
모두 다르게 설정한 터라 번호가 춤을 추며 나를 희롱한다
다음 네이버 구글 비번이 다르고
업무상 드나드는 사이트 비번이 다르고
동창회 사무실 비번, 고향 친구 모임 통장비번 비번비번비번
아 미치겠다

뭔 비번이 이리도 많았던가
편리한 세상을 살아간다고 자부하는 21세기 인민들아
우리 모두 보안의 성역에 갇혔구나
추운 밤 내 집 앞에서도
얼굴 없는 보안군에게 검열을 당하는
첨단세상 보안제국

곧 계엄령이 나리니

달맞이 레지스탕스

그놈이(그녀가)
느닷없이 사람들을 물어가기 시작했다
머리를 통째로 먹어치우거나
허리를 날름 잘라 먹기도 했다
그놈이(그녀가) 진격을 가하자
모든 것이 불투명으로 쓰러져갔다
그때도 그랬다
느닷없이 내 손을 물어뜯고는 한참이나 그녀의 얼굴을 가로막기도 했다
너, 뭐야! 도대체 누구야?
순간, 그녀는 비명도 못 지르고 그놈의 회오리에 빨려들었다
대책 없이 사라지는 그녀를 보며 울먹울먹 나도 데려가줘
이건 아니잖아
좀 전까지 낭창낭창 걷던 그녀의 붉은 치맛단만 아롱거렸다
어느 날은 여럿의 친구들이 점점 형체를 잃어가는 데도
아무런 힘을 쓸 수가 없었다 내 몸뚱이마저
야금야금 집어삼키는 놈에게서 빨리 벗어나야 한다는 것

그럴수록 질척질척 허방만 짚었고 놈의 포위망은
너무도 습하고 두터워 날카로운 칼로도 뚫지를 못했다
어떤 날은 붉은 태양마저 구름 속으로 숨기고 습격을 가해왔다
달아나는 자동차 불빛으로 거대한 이빨을 드러내며 달겨드는,
두통이 분탕질을 해대면서 서서히 성욕을 갉아먹기 시작했고
집안의 모든 가전제품들은 툭툭 빠르게 부식되기 시작했다
도대체 저놈을 어떻게 무찌른 담
오늘도 놈의 살인적 활동을 티브는 태연히 송출한다
통장회의가 열리고 관청에서 대책을 강구하지만 무용지물이다
저 은둔의, 고요의, 레지스탕스를
언덕을 부수어 쫓아낼 것인지, 아니면 쫓겨날 것인지를
가늠하는 사이 40도의 신열이 쓰나미로 들이쳤다

* 부산 해운대 달맞이는 상습적인 안개가 기승을 부린다.

광장

비둘기 떼

종
　　　종
　　　　　종

한 꾸러미 사람들

뚜
　　다
　　　　닥

　　　뚜 다 닥닥

무료한 낮달 하나 조을고

하릴없는 바람만
삐죽삐죽 입을 디밀고

집 외 4편

/ 정훈

정훈 시인은 2003년 부산일보 신춘문예 문학평론이 당선 등단했다. 평론집으로 『사랑의 미메시스』, 『시의 역설과 비평의 진실』이 있으며 시집 『새들반점』이 있다. 현재 시전문계간지 《사이펀》, 인문무크지 《아크》, 월간 《시민시대》 편집위원으로 활동하고 있다.

집
― 고현철 교수

부고를 알리는 전화를 받은 때는 한 달 가량 비 한 방울 내리지 않았던 8월 한낮의 세 시 경이었다
다 지나간 일이다
나는 더위에 찌든 개처럼 안방에 널브러져 있었다
슬픔이나 회한보다도 냉수 한 모금이 마려웠다
이 갈증은 뛰쳐나가 다시 돌아와서 송장처럼 눕고 싶었던 몸뚱이의 형식이다
죽음은 돌아가고 싶어 한다
쿵, 소리가 비로소 온전히 드러눕는 음색이다

그 너머로 넘어가는 것

 산이 있고 길이 있고 언덕이 있고
 천장이 있고, 결코 뚫지 못할 벽이 있는 그림을 가만히 떼어놓은 자리에, 푸른곰팡이 흐드러지게 찬란히 내 심장 깊숙이 심어 논 그대에게 편지를 쓴다

 어찌 무릇 돌아설 수도 나아가지도 못할 곳에 나를 꽁꽁 동여맸는가 바람 일면 서늘한 눈매, 온단 말없이 허수아비 나를 찌르고 지나는가 간단 기약 없이 꽂히는 비를 잡고 스미듯 없어진 자락으로 남았는가 그 자리 지우고 싶어도 그럴 수 없다 간혹 들판을 훑으면서 입술을 내미는 자취가 사방에서 엄습하므로, 그 너머에, 그 너머로 넘어가는 것은 그대에게 바람으로 전할 내, 곰팡이 펴 마침내 파랗도록 투명해진 눈빛이므로.

前景, 오후 5시 45분의 어스름

  10여 분 간격을 두고 코솝과 알파간*을 점안하는 시간대인 오후 5시 45분을 전후로 내 두 눈은 또 한 번의 세계를 경험한다
  빼앗은 세계와 내어주는 세계, 하지만 덤으로 받은 따뜻이 달래는 세계가 있어서 저녁은 훈풍으로 덥히곤 한다
  가쁜 숨을 지그시 누르며 몰래 찾아와 안아주는 사람이 있다면, 그는 한 세계를 건너 뛴 존재임에 틀림없다
  그래서 모든 늦 오후의 풀들은 서쪽으로 기울고, 떠났던 모든 이들의 입술과 이름이 천천히 되살아나는 것이다

* 안약의 일종

비와 빗물, 습작을 위한 아포칼립스

  태초부터 있으라, 있으라 명령했던 말씀도 저 눈물이 스미는 쓰라림을 창조하진 않았겠다 저, 저 시큰한 눈물 자락이 모든 통곡의 시초였겠다 벽 속의 창에서 흐느적거리는 저, 스스로 태우지 못해 스스로를 무너뜨리는 말씀 또한 모든 창조의 씨앗이었겠다

  락스를 파는 소아마비 장애자가 포장마차에 다짜고짜 쳐들어와서 막무가내로 팔아달라고 조른다 다음에 사지요, 다음에 사지요, 말하는 포차 주인에게 달려들 듯 몸을 자꾸 흘러만 내린다 저, 저어언에도, 다아, 다엄에, 산다꼬 해짜나요, 다아어엄에 산다꼬, 다, 다엄에 산다꼬 해짜나요오...

  땅에 완전히 눌러앉아 붙어 말라버린 자국이 위를 올려다 보았다

흔들리는 자모字母들의 빈 방

이응,
이쪽 모서리에서 저쪽 벼랑에까지, 마비된 육신을 힘겹게 밀고 갈수록 잡아당겨 나를 감싸는 눈동자 속 영원

니은,
언니, 이 말을 들으면 돌아가고 싶어져요, 참 동글동글한 부름이네요, 언니가 부르면 바닥에 눌러앉아 꽃무늬가 되어버린 상념을 일으켜 세우거나 긁어모아요, 언니야, 이 이쁜 입술아

시론

김동명 시의 시대적 명징성에 대한 앤솔로지

/ 민병일

민병일 시인은 철학박사(미학)이며, 1997년 《한국디자인포럼》 예술비평, 2010년 《부산시선》, 2019년 《한국시학》을 통해 시 등단했다. 정부황조근정훈장, 부산시문화상, 봉생문화상, 해운대문학상, 시원문학대상 등을 수상했으며 〈셋〉 동인, 한국문인협회, 부산시인협회, 한국경기시인협회 회원, 〈시원〉 편집위원으로 활동하고 있다. 저서로는 『박학한무지』, 『민병일 컬렉션』 외 다수가 있으며 부경대학교 명예교수로 있다.

김동명 시의 시대적 명징성에 대한 엔솔로지

민병일

 시는 역사에 앞서 철학적이고 장중하며 진실을 파악하는 것이라고 주장하는 이유 중 하나는 시의 가치가 객관적 사실의 속성을 다루는 것이 아니라 창작하는 시인의 주관적인 기호를 반영하기 때문이다. 하지만 이런 가치 판단은 욕망에 따라서는 상대적이기도 하지만 평가를 하는 객관적인 평가 대상의 속성과도 인과 관계를 갖고 있다. 김동명의 시 작품에서는 그가 살아온 삶의 여정에 따라서 많은 변화가 있었음을 알 수 있다. 시인의 심미적인 경험이나 가치를 함께 추구하며 시인과 감상자의 합일을 위해서는 먼저 그의 천성적으로 가지고 있는 내면의 시상이 존재하고 있는 사실부터 파악함으로써 시의 가치와 함께 펼쳐진 수미상관首尾相關의 관계를 파악할 수 있을 것이다.
 이렇듯 김동명의 시 세계는 분명 모든 현실이나 현장 - 시작時作의 대상 - 을 일깨워 주고 인식 해주는 지성을 함유하고 있다. 이러한 지성을 문학의 실천성을 수행하는 작용적 지성作用的知性이라고[1] 불리는데 그것은 그의 평소 습관과 같은 의식에서 오는 것이라고 보여진다.

　김동명의 시에서 군더더기가 없는 것은 그가 독자에게 담아주고자 하는 메시지가 선명하게 그리고 분명하게 전달된다는 것이다. 명징성明澄性 distinctness이란 분명하고 판명한 인식의 참 기준이다. 일찍이 토마스 아퀴나스는 사물을 인식한다는 것은 표상이 우리 목전에 제시하여 주는 개체적 재료부터 그 본질적인 현상을 추구하는 것이라고 말한다.

1
독자에게 문제의식을 일깨우고 과유의 장을 제공하는 것 실천적 지성과 유사하나 단순 지식의 축적이 아니라 현실 세계에서 지식을 통해 변화를 이끌어내는 능력. 아리스토텔레스, 영혼에 대하여, De anima, 3.1.10(인용)

　김동명金東鳴[2]은 1923년 당시 낭만주의 문학에 심취되어 월간 종합지인《개벽開闢》10월호에 프랑스의 세기말 시인 샤를 피에르 보들레르를 통하여 그에게 바치는 시「당신이 만약 내게 문을 열어주시면」시와 함께「나는 보고 섰노라」,「애달픈 기억」을 발표하며 시단에 나왔다. 그 후 이광수 방인근이 창간한『조선문단』과 연이어『동광』,『조광』,『신동아』등의 잡지에 작품을 발표하였다. 특히 전원과 자연을 예찬한 작품 안에서는 그의 은둔이나 자적自適의 생활 속에서 일제식민지 시인의 심경을 진솔하게 표현하였고 순수 서정의 세계와 함께 전원적

2
김동명(아호超虛 1900-1968)은 강원도 강릉 태생으로 함경남도 함흥의 영생고등보통학교를 거쳐서 도쿄의 아오야마 전문학원과 니혼대학교 종교철학과를 졸업하였다. 해방 후 이화여대 교수를 역임하고 동아일보를 통하여 정치 평론을 하였으며 1960년 초대 참의원을 지냈다. 시인이며 정치 평론가이다. 초기의 퇴폐주의 경향에서 벗어나 그의 시는 대부분 전원적이며 목가적인 순수 서정의 시 세계를 보여주고 있다.

시이며 목가적인 세계를 다뤘다.

> 젊고 어린 두 사슴에/붉은 말/장미빛 고백/혼과 혼/
> 티 없는 웃음/청정한 포옹/아아, 이는 청천강에 흙물이
> 나리고/피밭고랑에서 여름이 춤출 때리라//젊고 어린
> 두 가슴에/타는 정열/아픔 침묵/혼과 혼/애달픈 이산
> 離散/속 모르는 원망/아아, 이는 백상루白祥樓에 달이
> 푸르고/잎 떨어진 가지에서 겨울이 울고 있을 때리라
> －「애달픈 기억」

1930년대 우리 문단을 풍미하던 농촌문학의 시대적인 변화에 따른 명징성이 도드라지게 형상화되었으며 초기의 퇴폐주의 경향에서 벗어나 낭만주의 영화 속에 그는 주관적인 감정이나 열정을 절대적으로 표현하고 민족의 비애와 조국의 향수를 투명하고 고아한 사상으로 서정화 하는 데 앞장섰다. 1930년에 『신생사』에서 펴낸 첫 시집 『나의 거문고』에서 그가 민족에 대한 눈물로 영혼을 달래 듯 한 비통함과 정한의 눈물을 그렸으며 1938년 두 번째 시집 『파초』에서는 농촌을 소재로 한 전원생활 속의 향수와 함께 서정적이며 투명한 시 정신으로 목가적이며 시각적인 심상의 시의 경향을 보여주고 있다.

> 조국을 언제 떠났노/파초의 꿈은 가련하다//남국을
> 향한 불타는 향수/너의 넋은 수녀보다도 더 외롭구
> 나!//소낙비를 그리는 너의 정열의 여인/나는 샘물을

길어 네 발등에 붓는다//이제 밤이 차다/나는 또 너를 내 머리맡에 있게 하마//나는 즐겨 너를 위해 종이 되리니/너의 그 드리운 치맛자락으로 우리의 겨울을 가리우자

- 「파초」

  이 시는 1936년《조광》1월호에 발표된 시를 그의 두 번째 시집『파초』의 표제가 된 전원적인 서정시로 애국적이며 다섯 연의 자유시다. 표현상의 특징은 남쪽 열대지방의 파초를 의인화하여 망국의 슬픔을 달래고 자신의 모습을 연상적 수법에 따라서 망국의 한을 파초에게 감정을 이입하였으며, 주제는 잃어버린 조국의 향수를 에둘러 그린 심상의 자유시이다.

  내 마음은 호수요/그대 저어 오오/나는 그대의 흰 그림자를 안고 옥같이 그대의 뱃전에 부서지리다//내 마음은 촛불이요 /그대 저 문을 닫아 주오/나는 그대의 비단 옷자락에 떨며, 고요히/최후의 한 방울도 남김없이 타오리다//내 마음은 나그네요/그대 불어 주오/나는 달 아래 귀를 기울이며, 호젓이/나의 밤을 새오리다//내 마음은 낙엽이요/잠깐 그대의 뜰에 머무르게 하오/이제 바람이 일면 나는 또 나그네같이, 외로이/그대를 떠나오리다

- 「내 마음은」

1937년 6월 《조광》 3권 6호에 발표된 작품으로 후에 김동진이 작곡하여 우리 가곡으로 널리 알려진 시다. 네 연으로 구성된 서정적인 산문시로 낭만주의 경향을 띠우며 표현상의 특징으로는 비유와 상징이 풍부하게 나타나 있고 첫 번째 연에서는 사랑의 환희, 두 번째 연에서는 사랑의 정열, 세 번째 연에서는 사랑의 위안, 네 번째 연에서는 사랑의 이별을 반추하며 감미로운 시감을 주고 있으며 사랑하는 이의 애달픈 심정을 은유적으로 표현하고 있다.

> 그대는 차디찬 의지의 날개로/끝없는 고독의 위를 나는/애달픈 마음//또한 그리고 그리다가 죽는/죽었다가 다시 살아 또다시 죽는/가여운 넋은 아닐까//부칠 곳 없는 정열을/가슴에 깊이 감추이고/찬 바람에 쓸쓸히 웃는 적막한 얼굴이여//그대는 신의 창작집 속에서/가장 아름답게 빛나는/분멸의 소곡//또한 나의 작은 애인이니/아아 내 사랑 수선화야/나도 그대를 따라 저 눈길을 걸으리
>
> — 「수선화」

1938년 앞에 말한 『파초』에 실린 작품이다. 전체 다섯 연으로 이루어진 자유시이며 단순히 꽃의 이미지를 떠나 마음, 넋, 얼굴, 사랑의 서정적인 시상을 나타내고 내면적으로 나라를 빼앗긴 조국과 민족의 애환을 그리며 다시 살아나는 광복의 염원을 표현한 시이다. 이 역시 외형적이며 낭만적인 아름다움을 살려 김동진에 의해 우리 가곡으로 불여지고 있

다. 명징성을 나타낸 대표적인 시이다.

눈이 나린다/눈이 날린다/눈이 내린다//눈 속에 태고太古가 있다/눈 속에 오막살이가 있다/눈 속에 내 어린 시절이 있다//눈을 맞으며 길을 걷고 싶다/눈을 맞으며 날이 저물고 있다/눈을 털며 주막에 들고 싶다//눈같이 흰 마음을 생각한다/눈같이 찬 님을 생각한다/눈같이 슨 청춘을 생각한다//눈은 내 옛이야기의 시작/눈은 내 옛사랑의 모습/눈은 내 옛 마음의 향수//눈이 나린다/눈이 날린다/눈이 내린다

- 「백설부白雪賦」

한국전쟁 후 1954년 그가 봉직하던 이화여대 출판부에서 발행된 그의 다섯 번째 시집 『진주만』에 수록된 작품이다. 서정적인 명상시로 자연을 통하여 정제된 언어와 형식이 적절한 이미지의 비유로 리듬과 의미의 수미상관의 형식이 가지런하게 전개된 시다. 이 시집으로 1954년 제2회 아시아 자유문학상을 수상하였다. 자연의 섭리에 따른 눈의 이미지를 표현한 선명하고 구체적인 시어를 차용하고 있으며 오랜 여운을 남겨주는 작품이다. 일컬어 시에는 파토스pathos[3] 적인 요소가 있다. 흔히 시적인 시poetry란 좁은 의미의 시편poem을 의미하기 보다는 넓은 의미의 시를 칭한다. 원래 시란 말할 수 없는 세계를 암시하기도 하지만 자신과의 감정적인 대화이며 언어를 통한 실제적인 의미 규칙이 따르며 창의적인 작문의 산실이다. 시의 하나의 단어 – 지식, 존재, 대상, 나,

명제 등- 를 사용하면서 대상의 본질을 파악하려고 할 때 우리는 자신에게 물어야 한다. 그 시어는 실제로 그것의 본향인 일상에서 사용되는가 하는 것이다.[4]

  김동명의 시에서는 사유나 감정은 감성적으로 표현하고 정제하는 명징성이 뚜렷하다. 시어의 사용이 절제되고 있으며 긴장을 풀어준다. 이해가 쉽고 헷갈림이 없고 분명하며 생생한 공감을 주는 시 세계라 볼 수 있다. 명징하고 판명한 인식의 세계는 참일 수밖에 없다. 그의 서정적 자아는 낙관적인 관망이 아니고 시대적인 상황에 따른 시인이며 현실의 고통에서 벗어나려는 낭만주의 경향과 기도의 형식을 띄고 있으며 명징성이 도드라 진다. 시의 명징성이란 일반적으로 정형시의 형식에 시 정신을 새롭게 표현시킨 사실이나 증거에 의하여 분명하게 시작詩作한 것을 말할 수 있다. 이러한 내용은 사물의 형상을 새롭게 분절시키는 창작으로 볼 수 있으며 표현된 시는 우리에게 또 다른 방식의 정확한 감상을 유도하게 된다. 시는 시적으로 정확해야 한다. 여기서 김동명의 시는 이미 드러

3
감정이나 정서를 의미하며 독자의 감정을 유도하거나 설득하는 방식이며 문학에서의 표현이나 인간 이해의 중요한 요소로 작용되며 감정에 호소하는 소구력을 가지고 있다.

4
비트겐슈타인의 철학으로의 초대. 박병철. P.195(재인용)

나 있으나 우리가 미처 파악 못한 감정이나 느끼지 못했던 지각을 통하여 감성이나 진실을 느껴 주게 된다. 역사적이거나 시대적 상황변화에 따른 흐름 속에서 자연 속의 식물이 기후나 진동 혹은 주변의 여건에 따라서 일정한 방향으로 굴곡 현상을 일으키는 경진성과 유사하다고 보아야 할 것이다. 한 어휘나 언어는 시의 문장구조에 의하여 사고하고 시어를 발화한다고 보고 있으며 이를 비트겐슈타인(1889~1951)은 그의 저서 『철학적 탐구』에서 시인을 가르켜 창조의 이상가Idealist 즉 이상주의자라고 말했다. 모든 시작에 있어서는 기본적으로 확실한 명징성이 요구되며 김동명의 시 작품 세계는 이러한 시대적 명징성이 따르는 시인으로 우리는 그의 작품을 이해함으로써 보편 논쟁으로부터 매몰되지 않고 김동명 시인의 독창적이며 영감에 의한 창작의 시세계를 자유롭게 감상할 수 있는 여유를 갖게 될 것이다.